Andreas Jur

Rhizomorphe Prozesse im Internet - New Aeon City

Andreas Jur

Rhizomorphe Prozesse im Internet - New Aeon City

GRIN Verlag

Bibliografische Information der Deutschen Nationalbibliothek: Die Deutsche Bibliothek
verzeichnet diese Publikation in der Deutschen Nationalbibliografie; detaillierte bibliografische Daten sind im Internet über http://dnb.d-nb.de/ abrufbar.

1. Auflage 2003
Copyright © 2003 GRIN Verlag
http://www.grin.com/
Druck und Bindung: Books on Demand GmbH, Norderstedt Germany
ISBN 978-3-638-64384-9

Rhizomorphe Prozesse im Internet – New Aeon City

Hausarbeit

von

Andreas Jur

zur Veranstaltung

"Informatik und Gesellschaft / Kontextuelle Informatik"

im Wintersemester 2002/03

im Rahmen des Diplom-Studienganges
"Naturwissenschaftliche Informatik"
Technische Fakultät
Universität Bielefeld

Inhaltsverzeichnis:

0. Einleitung: Rhizome in der Biologie

Ursprünglich stammt der Begriff des *Rhizoms* aus der Biologie, wo er eine Form von Wurzelgeflecht beschreibt, das an der Spitze unbegrenzt weiter wächst, während ältere Teile allmählich absterben. Im eigentlichen Sinne handelt es sich bei diesen Sprossachsen weniger um Wurzeln, wie sie zum Beispiel von Bäumen ausgebildet werden, sondern um Knollengeflechte. Die wesentliche Eigenschaft, die uns hier interessieren wird, ist neben der Strukturform die Fähigkeit, auch dann weiter zu wachsen, wenn das Rhizom an irgendeiner Stelle abgetrennt wird, während bei einer Wurzel die Abtrennung eines Wurzelstranges das Absterben desselben und aller angegliederten Substrukturen zur Folge hat. Beispiele für derartige Knollengeflechte sind das Myzel von Pilzen, Pflanzen wie Seerose, Ingwer oder die Quecke, die für ihre schon sprichwörtliche Unverwüstlichkeit als 'Unkraut' bekannt ist.

1. Basisdefinitionen

1.1. Grundgedanken zur Rhizommetapher

An obiger Begriffsherleitung werden bereits zentrale Schwerpunkte deutlich, um die es nachfolgend gehen wird, auch wenn die Übertragung auf die hier interessierende Thematik erst nach einigen weiteren Bemerkungen und Präzisierungen deutlich werden wird. Ich möchte zunächst die grundsätzliche Andersartigkeit von Rhizomen gegenüber Baum-Wurzeln und Bäumen allgemein herausarbeiten und dabei bereits die Brücke von der biologischen Formulierung zur abstrakteren Modellebene schlagen: Das Rhizom wächst auch bei Zerstörung beliebiger Teilstrukturen ungehindert weiter, während das Durchtrennen einer Wurzel den betroffenen Bereich absterben lässt. Insbesondere hat eine Durchtrennung der Hauptachse das komplette Absterben der Wurzel und damit der gesamten Pflanze zur Folge. Die Art des Wachstums bedingt auch, dass ein Rhizom sich nach gewisser Zeit vollständig umgewandelt und erneuert hat, durch die Transformation de facto etwas Neues wurde. Der Stamm eines Baumes bleibt dagegen immer der prinzipiell gleiche und unterliegt dem normalen Alterungsprozess als Ganzes.

In baumartigen Strukturen bilden sich aus dem Hauptstamm vielfache Verzweigungen, die letztlich Struktur*kopien* der übergeordneten Vorlage sind. Ein Rhizom dagegen formt keine identischen Verzweigungskopien aus, sondern *Verdichtungen aus Vielheiten*.

Dies hat auch zur Folge, dass sich keine übergeordneten und in ihrer Bedeutung festgelegten Strukturen finden lassen, während jede Verzweigung eines Baumes sich *eindeutig* innerhalb der *Einheit* auf seinen Ursprung zurückverfolgen lässt, wobei verschiedene *Hierarchieebenen* mit unterschiedlichen, fest zugeordneten Bedeutungen und Funktionen durchlaufen werden. Es zeigt sich somit, dass Rhizome nicht-hierarchisch ausgeformt sind und in ihrem Wesen nicht der sonst üblichen und bis in elementarste Ebenen der Logik zurückverfolgbaren, traditionell verwendeten *Baumhierarchie* gehorchen (müssen).

Aus diesem Gedanken heraus haben *Gilles Deleuze* und *Félix Guattari* [5] seit dem Ende der Siebzigerjahre ein analoges Modell von *Mannigfaltigkeiten* der Kommunikation und sozialer Prozesse entwickelt. Dabei spielen Kernelemente der *Systemtheorie* insofern eine Rolle, als an diesem Modell Denkweise, Kommunikationsprozesse und soziale Ausformungen nicht anhand von Identitäten, Gleichheiten oder Entitäten betrachtet werden, sondern als Ausdruck von Verschiedenheit und Differenzen sowie temporären Funktionalitäten, die nicht einem Zustand, sondern einer *Dynamik* un-

terliegen. Es stellte sich die Frage, wie man aus bestehenden Systemen heraus, die durch *Hierarchien, Abhängigkeiten, Machtstrukturen* und *Zentralismus* geprägt sind, wirklich Neues schaffen kann, das in der Lage ist, diese Vorausprägungen zu durchbrechen. Denn solange ich mich innerhalb der gleichen Strukturform bewege, kreiere ich nichts Neuartiges, sondern bilde immer nur Kopien heraus, ohne der Form gebenden Mustervorlage zu entkommen und somit auch den bereits im Ansatz vorliegenden Schwächen, Irrtümern und Fehler behafteten Grundannahmen. Das Rhizom stellt dabei eine *ergänzende* Möglichkeit zur Unterwanderung und Aufbrechung verkrusteter Strukturen dar, ohne jedoch – und das ist wesentlich – sich selbst als bessere Alternative zu präsentieren und als Utopie darzustellen, die durch fixe Ziele und definierte Formen letztlich nur eine Erstarrung durch eine andere ablöst und dabei unmerklich letztlich doch nichts weiter ist als eine anders geformte Kopie des gleichen Grundzustandes und –prinzips. Für das Verständnis dieser Rhizommetapher ist es bedeutsam zu verstehen, dass ein Rhizom niemals *ist*, sondern sich selbst beständig neu ausformt. Es beschreibt keine Zustände oder lässt sich an Form und Struktur erkennen, sondern an *Prozessen* und *dynamischen Vorgängen*. Das Rhizom formt keine statischen Einheiten, sondern dynamische *Mannigfaltigkeiten*, die nicht nach logischen Abhängigkeiten geordnet sind, sondern temporäre Geflechte von Relationen als *Konsistenzebenen* herausbilden. Ein Rhizom ist niemals durch sich selbst definiert oder in sich geschlossen, die Grenzen sind fließend und durch *Beziehungsgeflechte* und Situationsabhängigkeiten bestimmt, so dass innerhalb des rhizomorphen Prozesses keine feste Grenze zwischen System und Umwelt existiert, sondern in jedem Moment und bei jedem (rhizomatisch stets gleichberechtigten) Informationstransfer (ohne kausale Sender-Empfänger-Struktur) diese Unterscheidung neu vollzogen wird.

Die begriffliche Vorlage aus der Biologie lässt sich dabei allerdings nicht vollständig übertragen und ist nur als Metapher zu einem Einstiegsverständnis zu betrachten. Die Soziologen und Philosophen haben die Merkmale von Rhizomen anhand wesentlicher Eigenschaften ausformuliert, die nachfolgend definiert werden sollen.

1.2. Rhizome als Sozial- und Kommunikationsprozesse

Die folgende Formulierung der Grundprinzipien stammt aus dem Artikel *"Rhizomorphe Prozesse"* von Michael D. Eschner [2].

"Prinzipien des Rhizoms

1. *Konnektivität*: Jeder beliebige Knoten des Rhizoms kann und soll mit jedem anderen verbunden werden.

2. *Heterogenität*: Es gibt keine Informationen, keine Sprache, keine Menschen und keine Tatsachen, die ausgeschlossen werden.

3. *Vielheit*: Weder Einheiten noch [getrennte] Unterschiede, d.h. keine festen Objekte und Subjekte, sondern fließendes Kombinieren, Re- und Dekombinieren von kreativ konstruierten Elementen (Minikonstruktionen) und Relationen zu Multikonstruktionen, die als temporäre Bezugspunkte fungieren.

4. *Asignifikanter Bruch*: Ein Rhizom kann an jeder beliebigen Stelle gebrochen oder zerstört werden, es überwuchert die Bruchstelle oder wächst auf anderen Wegen weiter.

5. *Orientierungsmuster*: Im Rhizom werden keine Landkarten, d.h. wahre Abbildungen der Wirklichkeit modelliert, sondern die Wirklichkeit selbst wird erschaffen. Der Bruch zwischen Aussage und Tatsache, Zeichen und Bezeichnetem entfällt. Es gibt keine Wirklichkeit, die semantisch kopiert werden könnte, denn das semantische System ist selbst das einzige Orientierungsmuster und somit die einzige Wirklichkeit.

6. *Subversivität*: Das Rhizom ist kein neues Paradigma, sondern ein subversiver Prozess, der erstarrte Strukturen auflösen und neue Möglichkeiten eröffnen kann."

Zum fünften Punkt ist anzumerken, dass in anderen Formulierungen das Rhizom explizit mit einer Karte verglichen und der Kopie gegenüber gestellt wird. Dies wird damit begründet, dass die Karte beliebig gedreht, gefaltet, neu verbunden und erweitert werden kann. Ich stimme Eschner aber darin zu, dass eine Karte letztlich auch nur eine veränderte, wenn auch veränderbare Kopie der Wirklichkeit sein möchte und somit nicht rhizomatisch in letzter Konsequenz wäre.

2. Motivation

Nach den theoretischen Vorüberlegungen und Begriffsdarstellungen sollen erst an dieser Stelle einige Worte zur Motivation dieser Hausarbeit fallen. Mir schien eine begriffliche Klärung vorab hilfreich beim Verständnis dessen, worum es im Kern gehen wird. Der Begriff des Rhizoms begegnet dem Informatiker derzeit durchaus häufiger, findet er doch Anwendung in Bereichen neuronaler Netze – Stichwort: Konnektivität – und des Internet (speziell in Verbindung mit der Möglichkeit von "Hyperlinks"). In beiden Fällen ist der Direktvergleich meines Erachtens nicht angemessen, kann allerdings in Teilprozessen und Grundgedanken – zumeist (noch) eher Wunschdenken – berechtigt sein.

Die erste Berührung mit dem Rhizommodell hatte ich durch einen Vortrag von Michael D. Eschner zu eben diesem Thema und war sofort fasziniert von diesen für mich neuen Ansätzen und den Anwendungsmöglichkeiten der Metapher. Wie es manchmal so spielt, stolperte ich hernach vielfältig entweder über direkte Texte und Bezüge zur Thematik oder auf Prozesse, die als sich als rhizomorph erkennen ließen. Interessanterweise ist die Netz-Gemeinschaft "New Aeon City", in der ich seit einiger Zeit (auch administrativ) aktiv bin, bei genauerer Betrachtung eine Art Praxis-Experiment zu Rhizomen, wobei die Community [1] selbst sowie die Software-Plattform von der Gruppierung entwickelt wurde, innerhalb derer Eschner aktiv ist. Somit bot sich NAC geradezu als Schwerpunktbetrachtung an, um Rhizome im Internet zu erforschen.

Zunächst wollte ich mich eigentlich der Frage zuwenden, inwiefern und innerhalb welcher Substrukturen das Internet als Rhizom angesehen werden kann bzw. in welchen Faktoren es eher und teils erheblich davon abweicht, doch dieses Vorhaben hätte letztlich für den Rahmen dieser Arbeit zu weit geführt, so dass ich mich auf NAC konzentrieren werde. Dazu möchte ich die virtuelle Stadt in Aufbau und Funktionsweise zunächst vorstellen.

3. Rhizome im Internet – New Aeon City

3.1. Überblick über die virtuelle Stadt / Community

3.1.1. Äußere Form und Grundsatz-Reglementierung

Die nachfolgenden Ausführungen beschreiben NAC im Zustand vom April 2003. Die Verwendung zahlreicher Anglizismen lässt sich dabei aufgrund der Eigenart der Netz-Subkultur nicht vermeiden und mag dem nicht daran gewöhnten Auge etwas befremdlich erscheinen. Die detaillierte Beschreibung ist notwendig, um die Anzahl möglicher Freiheitsgrade im Handlungsspielraum zu verdeutlichen, die für rhizomatische Entwicklungen wesentlich sind. Aufgrund der Größe und Komplexität von NAC fällt diese Darstellung etwas ausführlicher aus.

Thematisch befinden sich hier als Schwerpunktbereiche: Spiritualität, Esoterik und Okkultismus, Philosophie, Soziologie, Medizin und Heilkunst, Kunst, Literatur, Musik, Grenzwissenschaft und Neues Denken. Grundsätzlich gibt es für die User-Seiten allerdings keine über die Rechtsvorschriften hinausgehenden Einschränkungen in der Themenwahl. Zu den Besonderheiten der virtuellen Stadt kann man zudem zählen, dass das Durchschnittsalter höher liegt als in den meisten Communitys, dass hier mehrere Gruppierungen und Interessengemeinschaften zu finden sind und sich mehrere Buchautoren innerhalb der Gemeinschaft bewegen. Insgesamt haben sich zum Zeitpunkt meiner Niederschrift 3.700 Benutzer registriert, wovon man allerdings nur etwa 10 % als aktiv beitragende Stadtbewohner betrachten kann.

Was jetzt zunächst verwundern wird, ist ein scheinbar strikt hierarchischer, wohlgeordneter Aufbau dieses Netzwerkes. New Aeon City ist als virtuelle Stadt in die Grobstruktur von *Stadtebene*, *Stadtviertel*, *Straßen* und *Workshops* eingeteilt. Derzeit existieren fünf Stadtviertel sowie zwei separat in der Hauptebene angesiedelte, zumeist thematisch organisierte Straßen. In den Vierteln sind 25 Straßen angesiedelt, in diesen wiederum 155 Workshops. Hinzu kommen etwa 400 weitere Workshops in unterschiedlichen Stadien der Fertigstellung, die noch nicht in der Stadtstruktur verankert sind. Die Workshops sind das Herz der Stadt, hier findet die eigentliche Aktivität statt. Es handelt sich dabei um User-Projekte, die mit eigenständigen Homepages vergleichbar wären und entweder als Einzelarbeiten oder Gruppenprojekte konzipiert sind, wobei dem "Admin" noch "Moderatoren" mit leicht abgeschwächten Zugriffsrechten zur Seite stehen können.

Wie gewöhnliche Webseiten können die Workshops verschiedenste Arten von Seiten beinhalten. Die am häufigsten anzutreffenden Typen sind: Einzelseiten, Foren, Buchordner für ausführliche Texte und Projekte, Bibliotheken mit verschiedenen Ordnungsmöglichkeiten für Textsammlungen, Linklisten und FAQ-Seiten. Die vier letztgenannten Elemente lassen sich dabei durch zusätzliche Ordner und Unterordner weiter strukturieren.

Zu den geltenden Verhaltensregeln: Es existieren übergeordnete Regelungen, die sich vornehmlich aus der "Netiquette", den Vorschriften der staatlichen Organe und dem Grundkonzept der Stadt herleiten. Darüber hinaus bestimmt jedes Viertel durch den Vierteladministrator eigene "Hausregeln", die im Normalfall durch eine Diskussion der dort angesiedelten "Administratoren" festgelegt werden. In der nächsten Ebene kann auch jeder Workshop-Betreiber Zugriffs- und Löschregeln für seinen Bereich festlegen, wobei stets die Richtlinien übergeordneter Ebenen einzuhalten sind. Wie strikt und stringent diese Reglementierungen sind, hängt dabei in erster Linie von der Viertelebene ab. So ist es beispielsweise einleuchtend, dass das Buddhismus-Viertel "Unter dem Bodhibaum" sich auf buddhistische Ethik und Normen beruft, während das Viertel "Thelema Highlands" die thelemitische Ethik heranzieht sowie die von der Thelema Society formulierte Basalethik, da dies das Viertel der Stadtbetreiber ist. Möglich ist auch eine völlig freie Handhabung im Ermessen der jeweiligen Administratoren, wie dies im Viertel "Turm zu Babel" der Fall ist.

Wer sich außerhalb der Stadtebene befindet, also Workshops betreibt oder aufbaut, die noch nicht angesiedelt wurden, ist nur an die Stadtregeln gebunden. Hier handelt es sich zumeist um Workshops im Aufbau, Workshops zu Testzwecken, fertige Workshops, die sich keiner Struktur angliedern möchten oder Workshops, die aufgrund ihrer Themenausrichtung noch nicht angesiedelt werden konnten. Gleiches gilt für Straßen, die direkt auf Stadtebene angesiedelt wurden und nicht in einem der Viertel organisiert sind.

Die Auswahl der Workshops, die angesiedelt werden sollen, liegt im Ermessen des jeweiligen Straßenadministrators in Absprache mit dem Workshop-Betreiber, wobei Vierteladministrator und Stadtadministrator, auch "Bürgermeister" genannt, ihr Vetorecht nutzen können.

3.1.2. Navigation und Handlungsmöglichkeiten

3.1.2.1. Usernutzung

Die nächsten beiden Unterpunkte sind für die Kernbetrachtung nicht unbedingt wesentlich, liefern aber die nötige Detailtiefe für die spätere Analyse. Es ist dem Leser somit freigestellt, ob und wann er sich diesen Passagen widmen möchte.

Die Oberfläche von NAC ist auf jeder Seite in drei Frames / Bereiche eingeteilt, wobei der oberste und rechte Frame ausschließlich der Navigation dienen.

Dem Benutzer präsentieren sich von der obersten Ebene der Startseite die folgenden Bewegungsmöglichkeiten:

Im *Haupt-Frame* kann man, auf Wunsch auch ohne Aufführung des Benutzernamen, seine Wohnregion in einer dynamischen Karte eintragen. Darunter befinden sich neben Registrierungsmöglichkeit und Kontaktinformationen einführende Kurzbeschreibungen erster Anlaufpunkte, die von dort auch direkt angewählt werden können. Dies sind die "Taverne zum Roten Drachen" (Themen übergeordneter Workshop mit Foren und Boards sowie Chatmöglichkeit); die FAQ und das Hilfe-System; ein "About Us"; das "Was ist wo?" mit Stadtplan (graphisch oder als Textbaum), Liste angesiedelter Workshops mit Informationen zu Besucherzahlen und Bewertungen, Gesamtübersicht aller in NAC vorhandenen Workshops, eine nach verschiedenen Kriterien sortierbare Liste aller User, eine Durchsuchungsfunktion der Workshops nach Themenbereichen sowie eine an "google" gebundene Suchmaschine; die "Stadttour"; die "Stadtzeitung" sowie das "Rathausforum" für stadtrelevante Anfragen und Diskussionen. Diese Orientierungsliste lässt sich auf Wunsch für erfahrene User ausblenden. Darunter findet der Benutzer einen Teil der "Stadtzeitung", in der von Administratoren bis hin zur Workshop-Ebene geschaltete Neuigkeiten in fünf Kategorien zu finden sind, wovon die jeweils fünf letzten auf der Startseite eingeblendet werden. Die Kategorien sind: "New Aeon City News", "Straßenbau & neue Workshops", "Neue und überarbeitete Workshopinhalte" und "Diverse Mitteilungen".

Im *obersten Frame* kann man von jedem Punkt aus zur Startseite zurückkehren sowie die Menüpunkte "City Express" (graphische "Stadtrundfahrt"), "Stadtzeitung", "Suchen", "My NewAeon" (Benutzerseite mit ausführlichem Profil und Raum für Selbstdarstellungen sowie Einstellungsmöglichkeiten), "Neu in NewAeon" (Auflistung aktueller Inhalte und Beiträge, von 6 bis 48 Stunden rückwir-

kend anzeigbar), "Was ist wo?", "Alle User" (Benutzerliste), die "Taverne", "Über NewAeon", "FAQ / Hilfe" und "Eigener Workshop?" (Startpunkt zur Einrichtung neuer Workshops) anwählen. Dieser Frame ist von jeder Unterseite aus identisch.

Der *rechte Frame* ist die Hauptnavigation in der Stadt, die im Grundaufbau stets gleich bleibt, während Anzeigeinhalte und Auswahlmöglichkeiten davon abhängig sind, an welchem Punkt der Struktur man sich befindet. Zunächst kann man überall eine Informationsseite zur Unterstützung von NAC aufrufen, da sich das Projekt nicht durch Werbung finanzieren möchte. Es folgt die Möglichkeit zum Login bzw. Logout, darunter die Bezeichnung der aktuellen Ebene mit Hyperlink zum jeweiligen Administrator, dem Hauptforum sowie der Möglichkeit, die aktuelle Seite einer persönlichen Favoritenliste hinzuzufügen, die individuelle Navigationsvernetzung und Sortierung ermöglicht. Auf Stadtebene erscheinen nachfolgend die erreichbaren Viertel und jene Straßen, die nicht in Viertel gebunden sind. Auf Viertelebene werden stattdessen die dort erreichbaren Straßen oder nicht in Straßen gebundene Workshops direkt auf Viertelebene aufgelistet, auf Straßenebene die dort angesiedelten Workshops und auf Workshopebene die Unterseiten und Gliederungen des Workshops. Es schließt sich eine Vernetzungsstruktur an, die innerhalb eines Workshops weitere in der gleichen Straße befindliche Workshops auflistet. Die anschließende Favoritenliste ist – wenn man sich eingeloggt hat – auf jeder Seite verfügbar. Darunter findet man die derzeit in NAC eingeloggten User aufgelistet, deren Profil man durch Anklicken des Namens erreichen kann; alternativ kann man ihnen direkt eine Kurznachricht von maximal 255 Zeichen schicken, ohne dazu den Umweg über das Profil zu gehen. Sofern man im aktuellen Bereich administrative Rechte hat, kommen als letztes die Möglichkeiten, News in die Stadtzeitung zu schreiben, den Bereich zu administrieren und – für Straßen- und Varieteladmins – die Möglichkeit, eine Kurznachricht an alle Benutzer zu schreiben.

Zu den *Benutzerprofilen*: Hier haben eingetragene Benutzer vielfältige Möglichkeiten, sich zu präsentieren. Die Eingabefelder für Interessen, Motto/Signatur und Sonstiges ("Ach, übrigens") sind bislang auf keine Zeichenbegrenzung gestoßen und zudem mit der Möglichkeit einer Einbindung von HTML-Tags verknüpft. Von hier aus lassen sich Profil und Nutzerdaten verwalten sowie die Seite "My NewAeon" editieren, die als einzelne Webseite zusätzliche Darstellungs-Möglichkeiten bietet, deren Inhalt frei wählbar ist. Zudem lässt sich das Postfach mit Kurznachrichten abfragen und mit dem User verbundene Dokumente abrufen: Die vom User betreuten Workshops, Straßen und Viertel sowie eine Liste seiner letzten Beiträge und der letzten Beiträge in den vom User gewählten Favoriten. Die letzten beiden Anzeigen lassen sich auch abstellen, um sich weniger nachverfolgbar durch die Stadt bewegen zu können.

3.1.2.2. Administrative Zugriffe und Einstellungen

Zunächst kann natürlich jeder eingetragene User sein persönliches Profil sowie seine angegliederten persönlichen Seiten, Favoriten und einige Anzeigeoptionen verwalten. Hier soll es uns vor allem um administrative Möglichkeiten ab Workshopebene gehen.

Workshops: Jeder Workshop-Betreiber und –moderator kann "News" in die Stadtzeitung übertragen, wobei HTML frei nutzbar ist. Die Möglichkeiten der Administrationsoberfläche selbst bieten so vielfältige Einstellungsoptionen, dass ich diese hier nur grob umreißen möchte und auf Detailarbeit verzichte.

Es bieten sich zahlreiche Möglichkeiten zur inhaltlichen und optischen Gestaltung des Workshops (WS), wobei einige vorgefertigte Schablonen und Eingabefelder hilfreich sind, aber von erfahrenen Usern nicht verwendet werden müssen. Die Zugriffsrechte für den Workshop selbst sowie für jede Unterseite können einzeln festgelegt werden und reichen von einem völlig offenen und von jedem nutz- und veränderbaren Workshop bis zur Einschränkung auf ausgewählte Benutzer oder Benutzergruppen. Man kann Moderatoren ernennen, die beim Aufbau und der Verwaltung des WS helfen, und als Hauptelement neue Seiten und Unterseiten anlegen, wobei die grobe Formwahl wie oben gelistet in Einzelseiten, Foren, Bücher, Bibliotheken, Links und FAQ-Seiten gegliedert ist. Für abgelegte Texte besteht die Möglichkeit, den Diskussionsort für diese Texte festzulegen: unterhalb des Textes oder in einem dafür angegebenen Forum. Editiermöglichkeiten der Texte sowie Freigaben für das Anlegen neuer Inhalte können vom WS-Besitzer ausgewählt werden.

Straßen: Straßenadmins können zunächst die Startseite ihrer Straße frei mit HTML gestalten. Sie und die Vierteladmins können Kurznachrichten an alle NAC-Nutzer absenden. Die Ernennung von Moderatoren ist hier ebenso möglich wie in den Workshops, außerdem können für das Hauptforum Zugriffsrechte vergeben werden (wer darf posten, wer löschen, wer editieren). Die Hauptfunktion besteht im Ansiedeln oder entfernen von Workshops; zum Ansiedeln muss sich der Workshop außerhalb der Stadtstruktur befinden, also ein "Freier Workshop" sein.

Viertel: Die Optionen sind hier identisch mit denen eines Straßenadmins; das heißt insbesondere, dass sich Workshops auch direkt im Hauptteil des Viertels unterbringen lassen, ohne zu einer Straße gehören zu müssen.

3.2. Betrachtung von NAC unter Hinblick auf 1.2.

Inwiefern lassen nun die Benutzungsoptionen rhizomorphe Prozesse in der virtuellen Stadt zu und wie werden diese genutzt? Es sei hier erneut darauf hingewiesen, dass es nicht möglich ist, NAC direkt als Rhizom zu bezeichnen, sondern dass sich der rhizomatische Charakter durch die Prozesse und Dynamiken äußert. Zu einer Analyse werde ich mich zunächst an den oben gelisteten sechs Grundprinzipien orientieren, wobei sich einzelne Optionen und Eigenschaften gelegentlich mehreren relevanten Bereichen zuordnen lassen.

Konnektivität: Die wichtigste Option für eine optimale und freie Verbindung jedes Knotens mit jedem anderen ist die Liste der „Favoriten". Hier kann jeder Bürger der Stadt diejenigen Seiten selbst festlegen, die er von jedem beliebigen Punkt aus, an dem er sich gerade befindet, sofort erreichen kann. Dies gilt für jede in der Stadtstruktur befindliche Seite sowie für Workshops und deren Unterseiten, die sich noch nicht dort angesiedelt haben. Somit lässt sich eine optimale, auf den Benutzer zugeschnittene Vernetzung erreichen, ohne durch tatsächliche Komplettvernetzung den technischen Rahmen zu sprengen oder den Anwender zu überfordern (was bei mehreren zehntausend Einzelseiten in NAC wohl der Fall sein dürfte).

Über die an jedem Punkt aufrufbare Informationsseite „Neu in NewAeon" erhält man einen Überblick zu allen Bereichen, in denen neue Artikel, Seiten oder Forenbeiträge innerhalb der letzten 6-48 Stunden entstanden sind und kann sich von hier aus direkt dorthin bewegen. So bleibt der Überblick gewahrt und es wird ein sofortiger Zugriff zu aktuellen Inhalten ermöglicht. In ähnlicher Form hat man von seinem Benutzerprofil aus die Möglichkeit, die letzten Veränderungen in seinen „Favoriten" anzuzeigen, wobei hier nicht die verstrichene Zeit, sondern die Anzahl der neuen Beiträge entscheidend ist, so dass man auch bei längerer Abwesenheit über Veränderungen in den für den User relevanten Stadtbereichen informiert bleibt. Auch von hier aus ist der direkte Zugriff auf die angezeigten Inhalte möglich.

Über die verschiedenen Anzeige- und Sortierungsmöglichkeiten des Stadtplans im „Was ist wo?" gelangt man unmittelbar auf die einzelnen Viertel-, Straßen- und Workshophauptseiten, ohne sich umständlich durch die Stadtstruktur hangeln zu müssen; auch die nicht angesiedelten Workshops sind von hier aus aufgelistet und erreichbar.

Die freie Nutzung von HTML ermöglicht es durch Verlinkungen, beliebige Workshops oder Inhalte auch außerhalb der Stadtstruktur zu vernetzen, also eine Substruktur nach Wahl der daran Beteilig-

ten zu erschaffen. So könnte jemand einen Workshop einrichten, der sich mit einem bestimmten The-
ma befasst und von einer oder mehreren seiner Seiten aus zu anderen Workshops mit angelehnten
Inhalten verweist, die direkt aufrufbar sind. Diese Seiten und Workshops müssen nicht in der Stadt-
struktur angesiedelt sein, überdies kann hier natürlich in frei wählbarem Umfang eine Vernetzung zu
Webstrukturen außerhalb von NAC erfolgen, sei es durch einfache Verlinkung oder Einbettung jener
Inhalte mit Befehlen wie „iframe". Da zudem die NAC-Seite frei im Web abrufbar ist, stellen diese
Möglichkeiten das Instrumentarium zur Verfügung, um den Austausch *über die Systemgrenzen hi-
naus* zu ermöglichen und die Grenzen somit fließend zu formen.

Wie sieht es mit der Verbindung der User untereinander aus? Die Stadtbürger, die zum jeweiligen
Zeitpunkt eingeloggt sind, können sich von jeder Seite aus direkt *Kurznachrichten* zusenden; durch
Profil-Verlinkung des Urhebers jedes Textes und Beitrages hat man dort ebenfalls die Möglichkeit,
demjenigen eine Nachricht zukommen zu lassen. Außerdem kann man in der Gesamtliste der User
auf alle Profile zugreifen und so auch von dort Nachrichten versenden, ohne dass derjenige gerade
eingeloggt sein müsste. Über das Profil lässt sich zudem die normale *e-Mail-Adresse* abrufen, so
dass auch auf diesem Wege Kontakt hergestellt werden kann; nach eigener Wahl können im Profil
auch Telefonnummern oder Kontaktinformationen zu anderen Möglichkeiten angegeben werden
(ICQ, AIM etc.). Eine zusätzliche Option bietet der *Chat* in der „Taverne", der aber momentan de-
aktiviert ist, da sich die Betreiber von NAC nach einer alternativen Chatumgebung umsehen, die evtl.
auch Privatchatmöglichkeiten von jeder Unterseite aus ermöglicht; die Entwicklung in diesem Bereich
bleibt zunächst abzuwarten. Die Einrichtung eines abgeschlossenen „Konferenzchats" mit Einladungs-
option wäre hier wünschenswert.

Heterogenität: Eine erste Einschränkung stellt hier die theoretisch erwünschte *Sprachenvielfalt* dar.
Die Oberfläche und die städtischen Informationstexte sind derzeit in deutscher Sprache gehalten; einige Bereiche der Stadt präsentieren sich zwar auf Englisch (die direkte Kommunikation auf Englisch
oder in anderen, durch die verfügbaren Zeichensätze im Unicode ermöglichten Sprachen wird natürlich ermöglicht), aber bereits zur Navigation sind Deutschkenntnisse notwendig. Die Betreiber denken über die Möglichkeit einer alternativen Englisch-Oberfläche nach, der Aufwand wäre allerdings
bereits erheblich. Eine Entwicklung in dieser Richtung mit Erweiterungen für alternative Sprachumge-
bungen hinge von der direkten situativen Notwendigkeit ab, ließe sich aber von den Voraussetzungen
her durchaus bewerkstelligen.

Informationen und Tatsachen werden grundsätzlich nicht ausgeschlossen. Zwar hat die Stadt einen
gewissen thematischen Rahmen, innerhalb dessen sich die meisten Inhalte bewegen, aber es steht je-

dem User frei, beliebige Informationen und Texte zu verfassen und abzulegen, sei es in einem Workshopbereich, den Foren oder über seine individuellen NAC-Seiten (Profil und „My NewAeon").

Eine Einschränkung erfolgt hier lediglich durch den Gesetzgeber, der Richtlinien für strafbare Inhalte vorgibt und deren Einhaltung eine Notwendigkeit darstellt, solange der Betrieb der virtuellen Stadt Berührungspunkte mit Staatssystemen und ihren normativen und einschränkenden Bestimmungen besitzt. Dies ist eine für das Rhizom letztlich nicht wünschenswerte Einengung der Entfaltungs-, Informations- und Austauschmöglichkeiten.

Ausgrenzungen von Inhalten und Personen vollziehen sich, sofern sie vorkommen, innerhalb normaler Gruppendynamik und Streitkultur und sind in ihren Auswirkungen von der Konfliktbereitschaft der Beteiligten abhängig. Dies geht in den Bereich der Subversivität hinein, auf den ich später noch zu sprechen kommen werde. Zumeist äußert sich Desinteresse oder Ablehnung an einer Thematik allerdings darin, dass die entsprechenden Informationsseiten und –texte nur spärlich oder gar nicht aufgerufen werden und die entsprechende Aktivität letztlich aus diesem Mangel heraus eingestellt bzw. der Workshopinhalt entfernt wird – ein völlig legitimer und zwangsfreier Vorgang.

Natürlich bietet NAC als Internetportal nur Menschen Zugang, die entsprechenden Internetzugang besitzen, so dass man hier indirekt eine Ausgrenzung und Zugangs-Einschränkung durch technische Rahmenbedingungen anführen könnte, wovon ich aufgrund des Internetcharakters dieses „Experimentes" absehen möchte; betrachten wir für das Rhizom-Geflecht NAC statt dessen zunächst das Internet als wesentliche Wirklichkeit.

Was die Heterogenität an sich betrifft, so ist NAC inhaltlich nicht homogen angelegt, jede Weltanschauung und Ansicht kann frei vertreten und informativ publiziert werden, auch wenn sich thematische Schwerpunkte ausmachen lassen. Die Struktur selbst scheint von außen betrachtet baumartig aufgebaut, ist aber bei genauerem Hinsehen fließend und beliebig durch Substrukturen ergänz- und austauschbar, wie weiter oben ausgeführt, so dass auch hier keine homogene Form vorliegt.

Vielheit: Grundzüge der Vielheit zeigten sich bereits im Rahmen der Konnektivitätsbedingung. Es gibt keine einschränkende übergeordnete Struktur, sondern diverse Substrukturen, die sich in Teilknoten herausbilden und formal durch Vernetzungsmöglichkeiten erreicht werden können. Die Vernetzungsebenen können selbsttätig aufgebaut werden und unterliegen einer situationsabhängigen und temporären Dynamik. Ebenso sieht es mit den Austausch- und Kommunikationswegen und –inhalten aus, die sich je nach Interesse und gemeinschaftlichen Teilprojekten zwischen Stadtbürgern und Workshop-Inhalten herausbilden. Zuordnung und Implementierung von Workshops, Straßen und ihren Inhalten sind in beständigem Fluss und können von verschiedensten Notwendigkeiten und Bedürfnissen ab-

hängig gemacht werden. Überdies ist die Freiheit der Struktur bereits durch die freien und nicht ein-gebundenen Workshops gegeben, die sich der Stadtstruktur selbst und den jeweiligen Regelungen entziehen und lediglich durch den Gesetzesrahmen begrenzt werden. New Aeon City präsentiert sich nicht als starres Konstrukt mit festgelegten Zielen, Verantwortlichkeiten und Aufgabenzuweisungen, sondern als bewegliche, dynamische Plattform hohen Freiheitsgrades, in der selbst administrative Zu-ordnungen beständig wechseln können und damit auch die Art und Weise, wie die jeweils „unterge-ordneten" Stadtebenen agieren können. Die Vielheit der Subjekte äußert sich zum einen in der be-ständig variierenden Zusammensetzung der Bürgerschaft, ganz besonders aber in einer dem Internet immanenten Eigenart: Die semi-transparente Netzidentität der Benutzer erleichtert und begünstigt eine auf Außenstehende nahezu schizophren wirkende Freiheit in der Selbstdarstellung und Persön-lichkeitsentfaltung, die oftmals im Widerspruch zum „realen" Verhalten der Person steht und unent-deckte Facetten offenbaren kann. Dies erhält bereits durch die Möglichkeit Ausdruck, nach eigenem Dafürhalten den Namen und den Darstellungsrahmen der Netzidentität wechseln zu können; in NAC ist es sogar möglich und gern benutzt, unter dem gleichen Login verschiedene Namen zu führen (die Namensdarstellung lässt sich über das Profil variieren), die je nach Stimmungslage oder Thematik der abgesetzten Beiträge wechseln können. Einige User führen offiziell mehrere „Nicks", die für ver-schiedene Belange Verwendung finden – privater oder offizieller Natur oder in thematischer Abhän-gigkeit, und es ist zu beobachten, dass die Bürger tatsächlich verschieden agieren, wenn sie mit an-derer Identität aktiv werden. Dadurch ist selbst den Subjekten keine feste Zuordnung und Eingren-zung mehr möglich, die Bezugspunkte und Persönlichkeitsmerkmale wechseln ebenso wie der Name abhängig von situativen Gegebenheiten – Vielheit innerhalb einzelner Subjekte verwirklicht.

Asignifikanter Bruch: Brüche im Vernetzungsgefüge von New Aeon City sind geradezu an der Ta-gesordnung. Workshops und Straßen können den Standort wechseln, Workshop-Inhalte wechseln oder ganz verschwinden, ebenso wie Workshops und Straßen selbst. Ein besonders starker Bruch, der sich im Winter 2001/02 zutrug, sei hier als Exempel angeführt: Eine der thelemitischen Gruppie-rungen, die am Aufbau der Stadt wesentlich beteiligt waren, löschte nach langwierigen Streitigkeiten innerhalb der Stadt über Nacht ein ganzes Viertel und alle darin beheimateten Straßen und Work-shops; die dazu gehörenden User sowie jene, die ihre Ansichten teilten, zogen sich ebenso aus dem aktiven Stadtgeschehen zurück. Dies hinterließ eine bedeutsame Lücke im Stadtgefüge, wesentliche Inhalte und Aktivitäten sowie Bezugspunkte wurden damit aufgelöst und zunächst schien ein irrepa-rabler Schaden angerichtet. Doch wie es die Natur von Rhizomen ist, erholte sich das Geflecht nach einer kurzen Zeit geschockt und irritiert wirkender Ruhe nach der „Zerstörungswelle" wieder und rief

verstärkt das Engagement und die Einsatzfreudigkeit der weiterhin aktiven Bürger auf den Plan, Strukturen wurden erneuert, Inhalte neu angelegt und aufgebaut, Alternativen ausgearbeitet, neue Vernetzungen ergaben sich, und nicht zuletzt durch den Neuschöpfungsimpuls, den destruktive Elemente mit sich führen, spross eine neue Vielfalt in der Stadt empor. Inzwischen ist eines der verbliebenen Viertel weiträumig umstrukturiert und erneuert worden und drei neue Viertel sowie zwei einzelne Straßen sind entstanden; die Zahl der Benutzer und Workshops hat sich zwischenzeitlich mehr als verdoppelt. Die Erfahrungen dieses Einbruchs sowie die zahlreichen Diskussionen um diesen Zeitpunkt herum ergaben neue Impulse und Veränderungen auf mehreren Ebenen, die letztlich sogar dazu führten, dass in gewissem Umfang die damals ausgezogenen Bürger und Gruppierungen erneut in der Stadt aktiv sind und wieder mehrere Stadtbereiche administrieren. Auch hier ist das scheinbar paradoxe, zugleich destruktive wie dynamisch-konstruktive Element der Subversivität deutlich spürbar, das ich später als letztes Element genauer ausführen werde.

Wie sieht es mit dem Faktum aus, dass die Thelema Society als Betreiber dieses Projektes fungiert? Inhaltliche und formale Einschränkungen machen sich, wie oben ausgeführt, nicht bemerkbar (abseits vom gesetzlichen Rahmen), aber was wäre, wenn sich die Betreiber dazu entschlössen, willkürlich Stadtinhalte zu entfernen? Letztlich ist schon rein technisch ein derartiges Netzprojekt zentralistisch organisiert, da jemand den Server, den Speicherplatz und Datendurchsatz betreiben und finanzieren muss. Das ist natürlich ein erheblicher Schwachpunkt und die deutlichste Abweichung von der wünschenswerten rhizomatischen Funktionsweise. Gesetzt den radikalen Fall, die Betreiber würden aus Absicht oder Notwendigkeit heraus das Projekt aufgeben und die gesamte Seite löschen, so fügte dies dem Geflecht natürlich einen irreparablen Schaden zu und ließe sich nur beheben, indem die nunmehr heimatlosen User sich zusammenfinden, um ein neues Projekt zu starten, eventuell unter Zuhilfenahme noch geretteter Datensätze. Durch Mailinglisten und verfügbare Telefonnummern bleibt die Erreichbarkeit und Vernetzung der aktiven Stadtbewohner auch außerhalb der Internetstruktur gewährleistet. Von näheren Betrachtungen solcher Extremfälle möchte ich an dieser Stelle Abstand nehmen, da ich sie nicht für wesentlich relevant halte; es sei lediglich angemerkt, dass ein technischer Ausbau des Internet mit der kostengünstigen Möglichkeit zu zahlreichen, dezentralen „Spiegelungen" von Serverinhalten eine deutliche Verbesserung der Situation mit sich brächte. Im derzeitigen Zustand jedenfalls ist eine über Server betriebene Struktur immer zentral angreifbar und mit markanten Schwachpunkten versehen; mehr dazu später innerhalb der Problembetrachtung.

Die Abhängigkeit der Stadt und ihrer Funktionstüchtigkeit von bestimmten Gruppierungen und Personen soll uns allerdings noch interessieren. Dass sich ein „Rückzug" der Betreiber aus der Community-Aktivität nicht merklich auswirkt, hat sich bereits gezeigt, denn in der Tat haben sich die Mitglie-

der der Thelema Society, auch der „Bürgermeister", lange Zeit eher spärlich aktiv gezeigt, da sie mit anderen Belangen befasst waren. Die Aktivitäten der Bürger organisieren und gestalten sich aus Eigeninitiative heraus, völlig dezentral und unabhängig von der Anwesenheit oder dem Eingriff der Portalbetreiber. Für gewisse Rückfragen und Maßnahmen ist es natürlich notwendig, dass zumindest der Chefentwickler und der Bürgermeister erreichbar sind, meist reicht es allerdings aus, wenn die Reaktion einige Tage oder Wochen auf sich warten lässt. Die Bürger von NAC haben sich recht erfolgreich darin gezeigt, in einem Zustand von Selbstverwaltung innerhalb ihrer eigenen Strukturen zu agieren, indem sie beispielsweise auf Viertel- oder Straßenebene die ihnen gegebenen administrativen Möglichkeiten nutzen. Wünschenswert wäre im Sinne rhizomatischen Handlungsfreiraums dennoch, mehr Ansprechpartner mit zentraler und verwaltender Eingriffsmöglichkeit zu haben, um die Handlungsfähigkeit zu erhöhen und eine funktionelle Neutralität abzusichern. Durch Delegation von Verantwortlichkeiten oder Ernennung von Moderatoren ist es überdies auch innerhalb einzelner Ebenen weitestgehend möglich, im Falle einer Ausfallzeit einzelner Personen handlungsfähig zu bleiben.

Orientierungsmuster: New Aeon City hat nicht zum Ziele, eine bestimmte, ausgewählte Weltanschauung oder Religion darstellen, verbreiten oder einen vorgefertigten Idealzustand als Wahrheit verkünden zu wollen. Das Wesen der Stadt wird nicht von außen vorgegeben und somit wird auch nicht versucht, einen angestrebten Zustand beizubehalten oder zu forcieren, wenngleich erneut einzuwenden ist, dass es durchaus eine grobe Orientierung gibt, die letztlich zu Gemeinsamkeiten und einer Kommunikationsbasis führt. NAC erhält seine Wirklichkeit nicht durch festgelegte Formen und Wahrheitspostulate, sondern definiert sich durch die Prozesse innerhalb der Stadt selbstreferenziell und überdies dynamisch in jedem Augenblicke neu. Wäre dem nicht so, müssten vom abgebildeten Idealzustand abweichende Informationen, Personen, Ansichten etc. ausgegrenzt werden, was dann aber bereits mehrere andere Eigenschaften eines Rhizoms verletzte und die rhizomatischen Eigenschaften aushebeln würde. Die dynamische Vernetzung auf technischer wie persönlicher Ebene macht es zudem unmöglich, NAC als eine statische Zustandskopie begreifen zu wollen, Form und Inhalt sind im Fluss und bilden keine Einheiten oder Ganzheiten.

Subversivität: Diese Eigenschaft erfolgt in der Auflistung zwar zuletzt, doch wie bereits angemerkt, erachte ich es als das zentrale und grundlegende Element rhizomorpher Prozesse, während die vorangegangenen Merkmale zuforderst Rahmenbedingungen herbeiführen, damit ein subversiver, kreativer und dynamischer Schöpfungsprozess vollzogen werden kann. Andererseits kann das Subversive auch als Folge dieser Randbedingungen innerhalb rhizomatischer Strukturen angesehen werden.

Durch Vielfalt, Heterogenität und Konnektivität können die Bewegungen in Gang gesetzt werden, die durch Subversion zur Auflösung bestehender Strukturen und zu Brüchen führen können. Sie machen es auch undurchführbar, anders als unter „Orientierungsmuster" beschrieben agieren zu können. Alles ist in ausreichendem Umfang innerhalb der Stadt gegeben und der subversive Prozess, oben stehend bereits an Beispielen angeführt, ist in der Tat ein wesentliches Merkmal, begleitet von zunächst destruktiv und konfliktorientiert wirkenden Mechanismen, deren konstruktive, kreative, neuschöpferische Aspekte ich aber bereits anführte. Letztlich entsteht erst aus Differenzen und Polarisierungen sowie daraus resultierenden Spannungszuständen die nötige Dynamik für kreative, lebendige Prozesse. Wer Konfliktlagen scheut, wird in rhizomatischen Geflechten auf Dauer nicht glücklich werden, jedoch in statischen Strukturen erstarren; das Konfliktpotenzial in solch offenen, nur vage reglementierten Gebilden ist unübersehbar zu spüren und kann einseitig als Störung, Aggression, Anfeindung mit (hier negativ behafteten) anarchistischen Grundzügen angesehen werden – oder als Chance zur Durchbrechung eingemauerter Wege, zur Auflösung stringenter Knebelzustände, zur Entfaltung schlummernder und unterdrückter potenzieller (im Wortsinne) Möglichkeiten. Dass der subversive Charakter der virtuellen Stadt wahrnehmbar und tiefgehend zueigen ist, ist auf vielen Ebenen unverkennbar und so offensichtlich störend und hinderlich sich dies zunächst auch erweist, so überaus bedeutsam in oben ausgeführtem Sinne zeigt sich dieses Element in den daraus hervortretenden Prozessen – rhizomorphe Prozesse.

Damit bietet sich ein geeigneter Ansatzpunkt für eine genauere Problembetrachtung, die teils bereits Erwähntes aufgreift und außerdem darüber hinaus führende Gedanken ausführt:

4. Problembetrachtung

4.1. Technische Beschränkungen und Störanfälligkeiten

New Aeon City ist ein im *Internet* beheimatetes „virtuelles" Projekt und damit an die derzeitige Struktur des „Weltennetzes" gebunden. Da es sich beim Internet nicht in letzter Konsequenz um eine Form der Vernetzung handelt, wie die Rhizom-Metapher sie vorsähe [3], liegen hier auch die offensichtlichsten Schwachpunkte einer in diese Form eingebetteten Substruktur. So sind Zugriffe und Leistungen von NAC zunächst an die Fähigkeiten, Kapazitäten und die Erreichbarkeit des *Server*s gekoppelt, sodann an Willen und Vermögen der Betreiber, dieses Projekt aufrecht zu erhalten. Der

Server selbst könnte natürlich Ziel eines konzentrierten Datenangriffes werden, was ohne beständige Datensicherungen einen irreparablen Bruch herbeiführen würde. Abstürze und technische Störungen im Server- oder Datenbankbetrieb bremsen die Effektivität aus und führen zum zeitweisen Erstarren der Prozesse. Der Schutz vor Datenverlust durch unabsichtliches oder beabsichtigtes Löschen von Inhalten durch User mit entsprechenden Zugriffsbefugnissen oder auch durch technisch ausreichend versierte Störenfriede ist nur durch eine beständige Spiegelung vorhandener Daten auf möglichst viele Ersatzspeicher zu gewährleisten, wobei sich im Falle einer Wiederherstellung entgegen den Wünschen des Urhebers das aus meiner Sicht überschätzte und allzu feinfühlig behandelte Problem des Urheberrechtes ergäbe.

Die in den Grundattributen geforderte möglichst vollständige *Vernetzung* aller vorhandenen und möglichen Knoten untereinander ist zunächst ebenfalls technischen Beschränkungen unterworfen und würde zweifelsohne zu einem Zusammenbruch der Datenbankfunktionen führen, allein wegen der enormen Größe und damit Anzahl der Verstrebungen, nicht zuletzt aber aufgrund der höchst dynamischen Struktureigenschaften einer rhizomatisch arbeitenden Stadt wie NAC. Überdies halte ich solch eine Zielsetzung für nicht notwendig oder auch nur sinnvoll; angesichts der individuell formbaren Vernetzungsmöglichkeiten einzelner User und Usergruppierungen halte ich die Zielsetzung für ausreichend und zweckmäßig realisiert. Die theoretische Möglichkeit zu einer Komplettvernetzung zumindest ist gegeben und genügt damit auch der theoretischen „Modellvorgabe".

Die sprachlichen Beschränkungen, die sich aus dem technischen Aufwand heraus ergeben, wurden bereits erwähnt und seien der Vollständigkeit halber an dieser Stelle erneut angeführt. In diesen Rahmen fallen auch andere Einschränkungen zur Weitergabe von Informationen und Inhalten, die an die technischen Möglichkeiten des Internet und angeschlossener Strukturen gebunden sind, wie zum Beispiel auditive und visuelle Übertragungsmöglichkeiten. Bei genauer Betrachtung stellt auch die Ausgrenzung emotionaler oder somatischer Kommunikationsanteile eine Einschränkung des Informationsflusses und des Handlungsspielraumes dar, was zunächst bei der derzeitigen Ausformung des Internet als notwendige Begrenzung hinzunehmen ist und nur durch die offenen Grenzen des Rhizoms ausgeglichen wird, die einen Kontakt durch Telefon und persönliche Treffen ermöglichen. So ist die Vernetzungsmöglichkeit, die bei Rhizomen gern als zentral gesehen wird, zwar hervorragend, wird aber durch andere Mängel technischer Natur in ihrem Potenzial und ihrer Bedeutung für uns als Nutzer wieder herabgesetzt. Die Hoffnung besteht allerdings auf baldige Weiterentwicklungen der Vernetzungsstruktur und ihrer Handlungsmöglichkeiten auch in den bisher nur eingeschränkt nutzbaren Bereichen.

4.2. Menschliche Faktoren

Das hier betrachtete Rhizom funktioniert nicht durch sich selbst, sondern durch die Schnittstellen zu den Handlungsträgern – den hier aktiv wirkenden Menschen. So sind auch menschliche Problembereiche und Schwächen in die Analyse einzubeziehen. Auch dies wurde bereits verschiedentlich von mir angeschnitten und soll an dieser Stelle noch einmal explizit ausgeführt werden.

So hatten wir bereits die komplette Löschung eines gesamten Stadtviertels samt Inhalten betrachtet, aber auch gesehen, dass dies letztlich keine wirkliche Problemzone darstellt, sondern Teil des evolutiven Prozesses werden kann. Ebenso verhält es sich mit zwischenmenschlichen Anfeindungen, Frontenbildungen und einem Verhalten, das ich als virtuelle Kriegsführung bezeichnen möchte, die zusammen einen erheblichen Aufwand an Zeit und Energie „fressen", ohne sichtbaren Sinn oder Nutzen zu ergeben. Hier scheint es sich dann doch um eine Abbildung der „Wirklichkeit" zu handeln. Allerdings gehen aus solchen Dynamiken oftmals umwälzende Veränderungen hervor; die näheren Betrachtungen hierzu hatte ich unter „Subversivität" aufgeführt. Abgesehen also von dem Extremfall, dass die Betreiber – oder eine Person aus diesem Kreis mit entsprechenden Zugriffsmöglichkeiten – auf den Gedanken verfallen, das komplette Datensystem auf einmal zu löschen oder den Serverbetrieb einzustellen, sehe ich in solchen Anwandlungen kein wesentliches Problem außer temporären Unbequemlichkeiten.

Wie sieht die Situation aus, wenn ein Einzelner oder eine Gruppe es sich zur Aufgabe macht, gezielt und ohne sich als Bestandteil der rhizomatischen Stadtwirklichkeit zu betrachten, also letztlich durch eine Störung von außerhalb der Systemgrenzen, destruktiv auf das Geflecht einzuwirken? Zum einen könnte natürlich auch von dieser Seite aus eine Komplettlöschung oder Serverbeeinflussung erfolgen, die dann ein tatsächliches Problem darstellen würde. Doch sehen wir einmal von diesem Falle ab; es gibt subtilere Methoden und Prozesse, die hier ansetzen könnten und zunächst ebenfalls unter den Begriff der Subversivität fallen. Gezielte Störung durch subversive Kommunikation, die Feindbilder erzeugt und Aggressionspotenziale freilegt, kann sich auf die Arbeit und Effektivität des Großteils der Stadt auswirken und viele Prozesse lahm legen. Ebenso würde es sich in dem eigentlich simplen Falle verhalten, wenn sämtliche erreichbare Foren und Arbeitsbereiche durch Massenpostings gestört würden. Natürlich kann in beiden Fällen Gegenarbeit geleistet und Schadensbegrenzung betrieben werden, doch der Aufwand an Zeit und Energie geht zugleich produktiven Prozessen verloren und demotiviert auf Dauer, es sei denn es gelingt eine balancierende Dynamik und der jeweiligen Situation angepasste Problemlösungen zu entwickeln, die aus den Spannungszuständen produktive Resulta-

te aufbauen können und sich nicht entweder in reiner Destruktivität noch sinnloser Ressourcenvergeudung äußern. Hier gilt es, sinnvolle Schutzmechanismen zu entwickeln, die aber nicht auf Kontrolle, Zensur und Ausgrenzung abzielen dürfen – ein schwieriger Balanceakt.

Beim Stichwort der *Motivation* möchte ich auf den für mich eigentlich wesentlichsten menschlichen Schwachpunkt zu sprechen kommen, der sich auf die rhizomatischen Stadtstrukturen, besonders aber auf die Prozesse auswirkt. Innerhalb einer fest reglementierten, hierarchischen Baumstruktur mit festgelegter Aufgabenteilung und Zuständigkeit scheint die Effektivität und Leistung erhöht zu werden. Hieraus resultiert auch die verbreitete und durch Gewohnheit eingeschliffene Auffassung, Arbeit und Leistung durch Druck und zwingende Kräfte zu bewirken. Wir sind diesen Zustand so gewohnt, dass es uns schwer fällt und eines starken inneren Antriebes bedarf, um ohne solche Zwänge aktiv zu werden. Darauf werde ich in der Schlussbetrachtung noch einmal eingehen. In diesem Moment soll es genügen, darauf hinzuweisen, dass die Effektivität und „Arbeitsleistung" eines rhizomatisch funktionierenden Geflechtes vor allem von der Motivation, Einsatzbereitschaft und einer von innen heraus treibenden Dynamik abhängt, die seinen aktiven Bestandteilen, in diesem Falle der Menschen, zueigen sein muss. Ohne diese freiwillige Hingabe und Bereitschaft aus höheren Beweggründen heraus agiert und reagiert ein solches System nur schleppend, träge und mäßig produktiv. Dies wird deutlich, wenn man sich vor Augen führt, dass sich höchstens 10 % der Bewohner von NAC als tragend aktiv auszeichnen; außerdem wird zumindest im derzeitigen Stadium deutlich, dass ein solches Gebilde erst ab einer bestimmten Größe wirklich effektiv wird, damit ein genügend aktiver „Bestand" an Kräften vorhanden ist – es sei denn natürlich, man schafft es, eine durchweg produktive und motivierte Gemeinschaft aufzubauen. In dieser kleineren Variante zeigt das Rhizom dann allerdings eine erhöhte Störanfälligkeit, da nicht genug Bezugspunkte geschaffen werden könne, um Neuvernetzung und ausweichende Möglichkeiten zu arrangieren. Abgesehen von den Handlungsträgern des Rhizomes ist auch eine gewisse Mindestgröße der Strukturen, auf denen es aufbaut, vorauszusetzen, da destruktive Entwicklungen sonst erhebliche und eventuelle irreparable Schäden anrichten können (eine Verästelung in einem Dutzend Knoten ist leichter vollständig aufzulösen als eine mit einigen hundert Knotenpunkten). Somit zeigt sich die besondere Anfälligkeit eines solchen Systems besonders in der instabilen Anfangsphase, in der zudem erst noch die meisten Vernetzungen aufgebaut und „eingespielt" werden müssen; ab einer „kritischen Masse" von Vernetzung, Information und Verzweigung behaupte ich, dass die Stabilität (nicht gemeint als statische Verankerung) ausreichend gesichert angenommen werden darf, um den Fortbestand des Rhizomes über die meisten Störfaktoren hinaus zu gewährleisten.

Ein letzter Punkt in der Betrachtung ist sowohl der technischen wie auch menschlichen Faktorenseite zuzuordnen. Ein durch das Internet verwirklichtes Rhizom müsste im Idealfall erlauben, dass jede Information, jeder Text, jedes Zeichen von jedem beliebigen Punkt aus und vor allem von jedem Teilnehmer eingesehen, genutzt und insbesondere bearbeitet werden kann. Bleiben wir beim Beispiel eines Informationstextes: Dieser dürfte keine vorgefertigte, feste Form besitzen, sondern sollte jederzeit Veränderungen unterworfen sein. Dazu muss jeder Leser zugleich auch Autor sein, in den Text eingreifen und ihn verändern können. Dies wird im Ansatz durch so genannte „WiKis" verwirklicht. Das Problem ist hierbei natürlich, dass ein völlig unkoordinierter Wirrwarr entstehen kann oder im Extremfall eine ursprünglich nützliche Information völlig verwüstet und entstellt wird bis hin zur semantischen Untauglichkeit. Jede Veränderung sollte somit protokolliert und nachvollziehbar für das restliche System bleiben, also durch eine Dokumentation der Entwicklungsstufen beobachtbar sein. Hierfür wäre ein erheblicher Aufwand an Datenspeicherung und letztlich auch Verarbeitungs- und Zugriffsgeschwindigkeit nötig; in einem ideal ausgeführten Zustand wäre somit auch eine Zerstörung oder Veränderung bis zur Unbrauchbarkeit ursprünglicher Information abgesichert und zudem eine interessante, evolutive Verzweigung in der Entwicklung eines Textes zu beobachten, die großen Freiraum und nicht-lineare Ansätze und Arbeitsweisen ermöglicht. Hier besteht natürlich das Problem einer potenziell exponentiell wachsenden Informationsmenge und zudem die Gefahr der Beliebigkeit von Information, die eine gründliche und aufwändige Recherche und Bearbeitung seitens der Nutzer notwendig machen wird. In NAC kann theoretisch jeder Text für beliebige Nutzer zur Bearbeitung freigegeben werden, allerdings bislang ohne Datensicherung. In den experimentellen Bereichen, in denen dies bislang durchgeführt wurde, hat sich gezeigt, dass durch unsere Konditionierungen und Konventionen der Versuch eines weiterführenden Engriffes in die Arbeit Anderer ausbleibt, was zum Teil sicherlich auch auf fehlende Eigenmotivation und Arbeitsbereitschaft zurückzuführen ist – der Bequemlichkeitsfaktor schlägt hier zu. Zu nennenswerten Destruktivitäten kam es in diesen Bereichen bislang unerwarteter Weise nicht, aber zu einer genaueren Aussage wäre ein breiterer Bereich solcher freien Zugriffe nötig. Die vorgelegten Texte können allerdings entweder in den vorgesehenen Hauptforen oder eigens eingerichteten Forenbereichen zur Textbesprechung diskutiert, kommentiert und ergänzt werden, was man als alternative Möglichkeit einer generellen Mitarbeit an Informationen betrachten kann.

5. Vorteile rhizomorpher Entwicklungen in (sozialen) Netzen und Kommunikationsformen und Schlussbetrachtung

Das Rhizom ist kein neues Dogma, kein neues Paradigma gesellschaftlicher Organisation und der Versuch, alles auf rhizomorpher Basis aufbauen und organisieren zu wollen, wäre selbst wieder eine Auflösung des Rhizomorphen. Stattdessen ist das Rhizom eine Metapher, ein Modell, ein *Werkzeug*, um Dogmen, feste und erstarrte Strukturen zu unterwandern und von innen heraus aufzubrechen, um subversiv zu agieren. Aus den Vorgaben und Beschränkungen feststehender Strukturen und Formen heraus etwas *wirklich Neues* zu vollbringen und zu erschaffen, ist nicht möglich; letztlich handelt es sich immer nur um Neuanordnungen und Kopien des Alten, und sei es auch noch so gut in seiner Natur verborgen. Derlei ist sehr gut in wirklichen Revolutionen zu beobachten oder in wissenschaftlichem Fortschritt. Solche Evolutionssprünge kommen letztlich nie aus dem System selbst, sondern von Einzelgängern oder untergründig wirkenden Gruppierungen, die gegen das Establishment oder zumindest außerhalb der Struktur arbeiten und es unter günstigen Umständen oder gewaltsam schaffen, ihre Resultate und Ideen von außerhalb (bzw. unterhalb) des Systems einzubringen. Das stößt im Bereich der Wissenschaft erfahrungsgemäß auf erheblichen Widerstand in verschiedensten Formen und Ausprägungen (letztlich eher psychologische Muster als rational begründbare Gegenwehr), führt aber nach einer Zeit des Kampfes zu den wirklich neuen, ungewöhnlichen Ansätzen, die einen Entwicklungsschub mit sich führen.

Der Kernpunkt rhizomorpher Prozesse ist also die Möglichkeit des wirklich Neuen, das die Beschränkungen des Status Quo unterwandert und durchbricht. Feste Systeme erstarren in sich selbst und bremsen den eigenen Fortschritt aus, bringen lediglich Kopien von Kopien in immer wieder variierten Zusammensetzungen hervor und sind außerstande, außerhalb der Grenzen ihrer Selbst zu agieren oder dort auch nur neue Impulse zu suchen. Die dynamischen, zweckmäßig neu geordneten und offenen Grenzen einen rhizomatischen Systems sind ständig Einflüssen des Neuen unterworfen und in seinem Wesen ist ein solcher Prozess aufgrund der oben aufgezeigten Eigenschaften des Rhizoms höchst evolutiv, lebendig, schwer angreifbar, innovativ, kommunikationsfreudig und dynamisch. Das Rhizom trägt den Funken des Rebellischen, des Polaren, des Widersächlichen in sich und treibt somit die Entwicklung voran. Dabei darf der selbstreferenzielle Prozess nie einer äußeren Formvorgabe erliegen oder einer zentralen Kontrollinstanz, darf sich aber auch nicht in sich selbst zurückziehen, sondern muss die Fühler seiner Grenzen stets ausdehnen, umformen, erweitern und nach dem Neuen und benachbarten Systemgrenzen ausstrecken.

Rhizomorph agierender Informationsfluss und darauf basierende Kommunikationen, worum es letztlich immer im Kern geht, ist in der Lage, in alle Bereiche unserer Wirklichkeit vorzudringen und dort seinen Nutzen zu entfalten. Seien es soziale, wissenschaftliche, politische oder wirtschaftliche Netze oder Bäume, in denen das Rhizom seine Dynamik entfaltet – seine Wirkung wird es nicht verfehlen. Doch dazu ist Initiative nötig, Motivation und auch Mut, aus sich selbst heraus und gemeinsam mit anderen „Knotenpunkten" aktiv zu werden und Neues zu schaffen; die Bequemlichkeit starrer Hierarchien und Mustervorgaben ist stets verlockend, aus einer rhizomatischen Entwicklung heraus aber nicht mehr als Takt- und Befehlsgeber verfügbar. Dabei darf allerdings nicht vergessen werden: Das Rhizom selbst grenzt weder Netze noch Bäume aus, keine Anarchien, keine faschistischen Strukturen, keine Form der Information und der Kommunikation; es kann diese frei nutzen oder dagegen arbeiten, unterwandern und aufbrechen oder umstrukturieren oder gegebenenfalls auch frei und im originalen Zustand aufgreifen und verwenden.

Die Überlegungen zu dieser Metapher geben der Gesellschaft ein machtvolles Werkzeug in die Hand, das voller Chancen steckt und uns zu völlig neuen Zielen vorwärts treiben kann, es ist aber natürlich mit Unbequemlichkeiten und Risiken verbunden, doch das Wagnis ist es wert. Und wie das inzwischen lebendig gewordene Experiment in New Aeon City zeigt, funktioniert es auf virtueller Basis bereits ausgezeichnet; vielleicht lässt sich dieses Werkzeug auch erfolgreich in stärkerem Maße zusätzlich in den „realen" Alltag und die Schaffenswelt hineintragen. Man bedenke hierbei, dass New Aeon City keine isolierte Netzumgebung ist, sondern dass dort letztlich reale Menschen alles schaffen und erbauen, kreativ und schöpferisch tätig sind, und dass sie das Gefühl und die Denkweise von NAC letzten Endes als Teil der offenen Systemgrenzen in den realen Alltag mit hinein nehmen und dort mit anderen Netzen verknüpfen und Verbindungen herstellen, vielleicht weitere rhizomorphe Prozesse initiieren. Die Vernetzung ist eine großartige Chance und das Internet unser wichtigstes Werkzeug, um derlei herbeizuführen, letztlich sogar mittels dieses technischen Hilfsmittels innerhalb der Vernetzungsprozesse Beschränkungen räumlicher und zeitlicher Natur zu überwinden. Und das Rhizom ist eine wunderbare Möglichkeit, innerhalb solcher Netze (aber auch mittels Baumstrukturen) zusätzlich Prozesse in Gang zu setzen, die uns voran bringen zu neuen Ufern des Denkens und der Erkenntnis, uns über das hinaustragen, was uns in gewohnten und begrenzten Bahnen gefangen hält und das wahre Potenzial von Vernetzungen verschiedenster Art freizulegen, wie sich dies beispielsweise bereits in den Schulwissenschaften in Form interdisziplinärer Zusammenarbeit abzeichnet.

6. Literaturverweise und Quellen

[1] *New Aeon City*: http://www.newaeon.de/ (Stand April 2003)

[2] Eschner, Michael D. (2002): *"Rhizomorphe Prozesse"*. AHA, Ausgabe 6/02 Dez./Jan., 15. Jahrgang, Bergen/Dumme.

[3] Düppe, Stephan / Niehaus, Alexander (1997): *"Utopien der Vernetzung"*, Kapitel "Rhizom". Ruhr-Uni Bochum. URL: http://www.ruhr-uni-bochum.de/www-public/niehaabp/ (Nutzungszeitpunkt April 2003)

[4] Unbekannt (1998): *"Das RHIZOM als Metapher für Prozesse der Kommunikation"*. TU Berlin. URL: http://www.lia.tu-berlin.de/monospace/planets/kronos/98_POOL/98_02.htm (Nutzungszeitpunkt März 2003)

[5] Deleuze, Gilles/ Guattari, Félix (1980/1992): *"Tausend Plateaus. Kapitalismus und Schizophrenie II"*. Berlin.

www.ingramcontent.com/pod-product-compliance
Lightning Source LLC
LaVergne TN
LVHW042127070326
832902LV00037B/1074

Dokument Nr. V15211
http://www.grin.com/
ISBN 978-3-638-64384-9